¡Supervivencia!
OCÉANO

William B. Rice

Consultores

Dr. Timothy Rasinski
Kent State University

Lori Oczkus
Consultora de alfabetización

Basado en textos extraídos de
TIME For Kids. *TIME For Kids* y el logotipo
de *TIME For Kids* son marcas registradas
de TIME Inc. Utilizados bajo licencia.

Créditos de publicación

Dona Herweck Rice, *Jefa de redacción*
Lee Aucoin, *Directora creativa*
Jamey Acosta, *Editora principal*
Lexa Hoang, *Diseñadora*
Stephanie Reid, *Editora de fotografía*
Rane Anderson, *Autora colaboradora*
Rachelle Cracchiolo, *M.S.Ed.*,
    Editora comercial

Créditos de imágenes: pág. 33 (arriba):
BigStock; pág. 35 (lanza): Corbis; pág.
25 (arriba): Dreamstime; págs. 4–5, 11
(arriba), págs.12–13, 19 (dedos), págs.
26–27, 35 (arriba), pág. 37 (abajo), pág.
38 (fondo): Getty Images; págs. 8–9, 16,
28, 31, 41: Timothy J. Bradley; pág. 26
(abajo): NASA; págs.14–15: Kristof, Emory/
National Geographic Stock; pág. 20: Photo
Researchers, Inc.; págs. 6–7: Allpix/Splash
News/Newscom; pág. 7 (arriba): Imago
Stock/Newscom; pág. 37 (arriba): Marlene
Karas/Newscom; pág. 39: The Granger
Collection, Nueva York; pág. 48: William Rice;
todas las demás imágenes de Shutterstock.

Teacher Created Materials

5301 Oceanus Drive
Huntington Beach, CA 92649-1030
http://www.tcmpub.com

ISBN 978-1-4333-7052-6

TABLA DE CONTENIDO

¡PERDIDO EN EL MAR!

"¡Socorro! ¡Socorro!", gritas al aire salado. Pero el fuerte viento ahoga tus gritos. "¡Socorro!" vuelves a gritar. Contra toda esperanza, tienes la ilusión de que alguien —cualquier persona— pueda oírte del otro lado del agua.

Pero no hay nadie. Estás solo. Eres un **náufrago**, a la deriva y perdido en el mar. ¿Cómo ocurrió? ¿Cómo llegaste hasta aquí? ¿Qué puedes hacer para sobrevivir?

Parece extraño pensar en alguien perdido en el mar. Los barcos modernos y la tecnología hacen que parezca imposible. Pero sucede. Cada vez que una persona se embarca, debe estar preparada para cualquier cosa, incluso para luchar por sobrevivir.

PARA PENSAR

- Averigua cómo sobrevivir a un naufragio.

- Descubre cómo encontrar alimento y agua cuando estás perdido en el mar.

- Aprende cómo hacer señales para pedir ayuda.

¿Cómo puede una persona terminar perdida en el mar? Lo más probable es que suceda cuando estás en un crucero o en una embarcación de pesca que choca o se descompone. ¡No te preocupes! Los barcos generalmente cuentan con las herramientas necesarias para sobrevivir. Por lo tanto, si de repente te encuentras en medio de un desastre, lo más importante que puedes hacer es mantener los **cinco sentidos**. Luego, espera a que llegue la ayuda.

Imagina que ocurre algo inconcebible. ¡Estás atrapado en un barco que se hunde! Es momento de decisiones. ¡Debes pensar rápidamente! Deberás tener en cuenta cinco áreas claves de supervivencia. **Flotación**, calor, agua dulce, una señal y alimento son todos esenciales. Pero hay algo que es más importante que cualquiera de estas cosas. Tú. Cómo actúes y reacciones es fundamental. Pensar con claridad y permanecer en calma son las mejores cosas que puedes hacer para garantizar tu seguridad y supervivencia.

Factores X

Hay cuatro factores claves que afectan la supervivencia a un naufragio. Están fuera de control, pero puedes superarlos si permaneces en calma y piensas con claridad.

ubicación del naufragio

clima

temperatura del agua

distancia a la tierra

¡Accidente aéreo!

Es menos probable que un naufragio, pero un avión puede chocar contra el agua. Sobrevivir a un choque semejante es poco común, pero es posible. Una persona en esa situación debería permanecer en calma y tratar de echar mano a lo necesario para sobrevivir.

En los últimos 400 años ha habido más de 100,000 naufragios.

Anatomía de
un naufragio

Existen muchas razones por las que las embarcaciones se hunden. A veces una nave choca contra rocas, hielo, riscos u otros objetos. Si se forma un agujero en el **casco** o en el cuerpo, el agua inunda la embarcación. Si penetra demasiada agua, el barco comienza a hundirse. En otras ocasiones, las embarcaciones transportan demasiado peso y se vuelcan durante una tormenta. ¿Puedes encontrar a continuación los cinco elementos claves que ayudarán a una persona a sobrevivir a este naufragio?

Una balsa u otro dispositivo de flotación te mantendrá fuera del agua hasta que llegue la ayuda.

Si caes al agua, un chaleco salvavidas mantendrá tu cabeza por encima del agua.

Estarás agradecido de tener un dispositivo de localización. Puede transmitir señales de socorro para que tu ubicación sea más fácil de encontrar.

Es imposible saber cuánto tiempo tardará en llegar la ayuda. ¡El alimento y el agua son necesarios para la supervivencia!

Permanece seco y abrigado con una chaqueta impermeable.

¡LA SEGURIDAD PRIMERO!

El ahogamiento es la causa principal de muerte en el mar. Si lo piensas bien, ¿cuánto tiempo puedes nadar o seguir a flote por tus propios medios? ¿Diez minutos? ¿Treinta minutos? ¿Una hora? Entonces, como primera medida debes encontrar un **dispositivo de flotación personal**. Los chalecos y aros salvavidas ayudan a las personas a flotar sin tener que nadar o **mantenerse a flote**.

Las embarcaciones deben tener un dispositivo de flotación personal para cada persona que esté a bordo. Si no encuentras uno, piensa rápidamente y encuentra alguna otra cosa que te ayude a permanecer a flote. No esperes que tu propia fuerza y capacidad te mantengan a flote por mucho tiempo.

Seguridad en el agua a bordo de un avión

Si viajaste en avión, conocerás los chalecos salvavidas **inflables**. También existe un segundo tipo de dispositivo de flotación que todos pueden usar: ¡los cojines de los asientos! Se los puede abrochar y usar para la flotación en un aterrizaje acuático.

En el mejor de los casos

Lo ideal sería que encontraras una balsa inflable, un **bote neumático** u otra **embarcación**. Un barco pequeño y un chaleco salvavidas serán muy útiles para mantenerte a salvo.

Los grandes cruceros deben guardar suficientes **botes salvavidas** a bordo para que cada pasajero tenga un asiento. Las embarcaciones de pesca posiblemente guarden balsas inflables o pequeños botes de emergencia. Si algo le sucede a la embarcación principal, es importante que todos los pasajeros cuenten con otra opción.

Las balsas inflables han probado ser las embarcaciones más navegables para sobrevivir a tormentas y mares agitados. No se **vuelcan** con tanta facilidad como las embarcaciones comunes. Pueden moverse fácilmente entre las olas.

Es importante que los botes salvavidas estén a mano para ser usados en una emergencia.

Piratas modernos

Mucha gente piensa que los piratas son cosa del pasado. ¡Sin embargo, en este mismo momento, hay piratas surcando los mares! Al igual que en los libros y las películas, los piratas modernos roban, asesinan, hunden barcos y mucho más. La tripulación a bordo de las grandes embarcaciones debe estar siempre preparada para un ataque pirata.

ARABIA SAUDITA

OMÁN

Golfo de Adén

•Adén

SOMALÍA

OCÉANO ÍNDICO

En 2011, la marina de guerra coreana logró controlar a un buque robado por piratas somalíes.

EL *TITANIC*

¿Te acuerdas del *Titanic*? Se lo llamaba el "buque insumergible". Zarpó por primera vez el 10 de abril de 1912. Naufragó cinco días después luego de chocar contra un iceberg. La tripulación no estaba preparada para un desastre. Había más de 2,000 pasajeros a bordo del buque y solamente 20 botes salvavidas. Más de 1,000 personas quedaron abandonadas sin botes salvavidas. Se ahogaron en el agua congelada. Incluso murieron personas que tenían chalecos salvavidas.

El número final de víctimas

Nadie sabe con exactitud cuántas personas había a bordo del *Titanic* o cuántas personas murieron. Los registros del barco no son muy claros al respecto. Lo que sí sabemos es que, de las casi 2,000 personas que estaban a bordo, más de 1,500 murieron.

vista submarina de
la baranda oxidada
del *Titanic*

La mayoría de las muertes del
Titanic fueron provocadas por las
temperaturas bajo cero del agua.

¡MÁS EN PROFUNDIDAD!

Naufragios inolvidables

El hundimiento del *Titanic* fue el naufragio más famoso de la historia. Pero no fue el peor.

Buque del Correo Real Empress of Ireland

Naufragio: 28 de mayo de 1914

Víctimas: 1,012

En una mañana de niebla, un buque de carga noruego chocó contra el *Empress of Ireland*. El buque de carga no se hundió. Sin embargo, el *Empress of Ireland* volcó y se hundió en solo 14 minutos.

Sultana

Naufragio: 27 de abril de 1865

Víctimas: 1,800

Un buque de vapor que se dirigía al río Misisipi se hundió debido a una explosión a bordo. Muchos de los pasajeros eran soldados que habían luchado en la Guerra Civil.

Buque de carga Le Joola
Naufragio: 26 de septiembre de 2002
Víctimas: 1,863

Este transbordador tenía capacidad para transportar solamente a alrededor de 580 pasajeros. ¡Pero cuando se hundió, llevaba más de 2,000! El buque de carga tardó cinco minutos en volcar frente a las costas de África. Solamente hubo tiempo suficiente para cargar un bote salvavidas.

Mont-Blanc
Naufragio: 6 de diciembre de 1917
Víctimas: 1,950

Se produjo una gran explosión cuando dos buques de carga chocaron en un puerto de Canadá. Los tripulantes del barco murieron. Más de 9,000 personas en la costa resultaron heridas. La explosión ocasionó un inmenso **tsunami**, que derribó árboles y destruyó edificios.

Buque de carga Doña Paz
Naufragio: 20 de diciembre de 1987
Víctimas: 4,375

Un transbordador de pasajeros chocó contra un buque petrolero que transportaba 8,800 barriles de petróleo. El transbordador solamente tenía autorización para transportar 1,518 pasajeros. Sin embargo, la tripulación quebrantó las normas y permitió que más de 4,000 pasajeros subieran a bordo. Solamente sobrevivieron alrededor de 20 pasajeros. El petróleo se derramó frente a las costas de Filipinas.

¡EXPUESTO!

La segunda causa principal de muerte en el agua es la **exposición**. Exposición significa cuando el cuerpo queda desprotegido del calor y del frío. Si el agua está fría y tú estás en ella, puedes tener **hipotermia**. Puedes llegar a morirte por congelamiento. Esa es una de las razones por las cuales es tan importante tener una embarcación o una balsa para mantenerte fuera del agua. También deberías tener ropa que te mantenga abrigado. La ropa también protege a una persona del sol. Estar todo el día bajo el sol en el agua puede causar quemaduras solares e **insolación**.

Supervivencia en agua fría

Se necesita energía para sobrevivir en agua fría. ¡Cuanto más fría el agua, menos tiempo tienes... y más rápidamente necesitas conseguir ayuda!

Temperatura del agua (Fahrenheit)	Tiempo hasta la muerte
70 °F–80 °F	3 horas–sin límite
60 °F–70 °F	2–40 horas
50 °F–60 °F	1–6 horas
40 °F–50 °F	1–3 horas
32.5 °F–40 °F	30–90 minutos
32.5 °F	15–45 minutos

HIPOTERMIA

La hipotermia se produce cuando la temperatura del cuerpo cae algunos grados por debajo de la normal. Si tu cuerpo se enfría tanto, comenzarás a tiritar y a confundirte. Perderás el control de tus músculos. Los dedos de tus manos y pies y tus labios se volverán azules. A medida que te entumezcas, quizá descubras que tus brazos y piernas no responden. Tu pulso y tu respiración disminuirán. Con el paso del tiempo, es posible que tus órganos dejen de funcionar. Sin ayuda inmediata, puedes morir de hipotermia.

La hipotermia surge cuando la temperatura corporal cae por debajo de los 95 °F.

Hipotermia es el congelamiento gradual del cuerpo.

INSOLACIÓN

La insolación se produce cuando la temperatura de tu cuerpo aumenta varios grados por encima de la normal. Esto puede suceder cuando el aire está muy caliente. Si una persona está al sol, el cuerpo puede calentarse. Normalmente, puedes ir dentro para refrescarte. Pero en el mar quizá no puedas hacerlo. La ropa adecuada te ayudará. Trata de usar ropa liviana y de colores claros para estar fresco. También un sombrero para proteger la cara y la cabeza.

Exposición a la sal

El agua salada le quita la humedad natural a la piel. Puede secar, agrietar e inflamar la piel. También puede causar sarpullidos y llagas con el tiempo. Es una buena idea cubrirse en el mar para proteger la piel de la sal y del sol.

Si tu cuerpo comienza a calentarse, puedes tener problemas. Tu pulso se acelera. Es posible que tengas problemas para respirar. Quizá transpires mucho. Esto puede secar tu cuerpo. Tus músculos se acalambran porque necesitan líquidos. Cuando te insolas, tu piel se seca. Es posible que te sientas mareado y confundido. Tu cuerpo se debilita cada vez más. Finalmente, la persona insolada puede perder el **conocimiento**.

En los seres humanos, se produce insolación cuando la temperatura del cuerpo llega a los 105.1 °F.

Quédate quieto

La actividad física en temperaturas altas puede causar insolación. Así que es mejor limitar la actividad. La actividad consume energía, y una persona la necesita para sobrevivir.

¡SED!

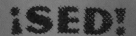

El agua es uno de los elementos más importantes que el organismo debe tener para sobrevivir. ¡La mayor parte de nuestros cuerpos está formada por agua! Podría pensarse que encontrar agua en el mar nunca es un problema. Hay agua por todas partes, ¿verdad? Sin embargo, el agua de mar es salada, y no es lo que la gente necesita para estar saludable. Entonces, ¿qué puedes hacer?

Tienes que encontrar agua dulce. Si tienes tiempo, echar mano a agua en un naufragio es más importante que tomar comida. Puedes vivir sin agua durante tres a siete días solamente. Puedes sobrevivir mucho tiempo más sin alimento.

Estas imágenes muestran la proporción de la sal con respecto al agua en el agua de mar.

¿Agua salada o agua dulce?

Normalmente la gente bebe agua dulce. El agua que está en el océano es agua salada. El agua dulce solo contiene una pequeña cantidad de sal, así que ni siquiera puedes sentirle el gusto. El agua salada tiene de un 3 a un 5 por ciento de sal. Tiene un fuerte sabor salado.

El cuerpo del hombre adulto promedio contiene alrededor de 10 galones de agua.

60% AGUA

Tienes que usar el agua con inteligencia si es que la tienes. Puedes hacer que solo un poco de agua rinda mucho. Debes **conservarla**. Eso significa que deberás usar justo lo que necesitas y ahorrar el resto para después.

¿Entonces, qué haces cuando te quedas sin agua? Tienes algunas opciones. Si llueve, tienes suerte. Puedes recoger el agua en una lona impermeabilizada u otro material plástico. Si estás en una zona fría, es posible que haya hielo de los icebergs. Si eres afortunado, podrías tener un **filtro** en tu balsa. Puedes usarlo para filtrar la sal del agua de mar y convertirla en agua potable.

También es posible sobrevivir durante un tiempo con agua de mar. Puedes beberla. Sin embargo, con el tiempo, la sal puede dañar tu organismo. Si estás obligado a beber agua de mar, no bebas más de un vaso por día aproximadamente.

¡De ningún modo!

Es extraño pero real: ¡puedes beber tu propia orina si te ves obligado! La orina de un cuerpo sano es agua en su mayor parte. Pero también tiene mucha cantidad de sal, desecho y otras sustancias químicas. Cuanta más orina bebes, más se acumulan esas sustancias en tu organismo, y eso es malo para tu salud.

Poquito a poco

Si el clima no es demasiado caluroso, el agua se debe racionar cuidadosamente. Es posible sobrevivir con menos de 32 onzas de agua todos los días.

¡Una vez un hombre sobrevivió en el mar durante 62 días solamente con agua de mar! Bebía muy poquito cada día.

SOS

Si un barco se hunde, por lo general la gente se entera de ello. Acuden en su ayuda. Pero encontrar personas en el mar es difícil. Llevar encima un dispositivo señalizador es algo inteligente. Una **radiobaliza indicadora de posición de emergencia (*EPIRB*)** es un dispositivo útil. Puede enviar una señal para que los rescatistas sepan dónde estás.

La familia Robinson es una novela de aventuras sobre una familia náufraga que sobrevive en una pequeña isla en las Indias Orientales.

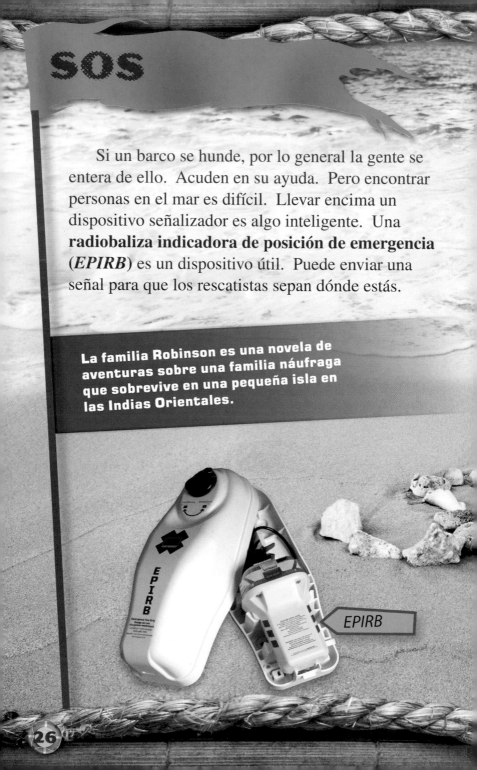

EPIRB

¿Tocaste tierra?

En algunas situaciones, es posible que estés cerca de la tierra. Si puedes, es una buena idea tratar de llegar a la costa. Pero si la **corriente** te arrastra mar adentro, no querrías luchar contra ella. Si nadas a contracorriente, tal vez uses energía que necesitas para sobrevivir. Otro consejo más: trata de acercarte a una playa arenosa. Las playas rocosas y las que tienen riscos pueden ser peligrosas.

EPIRB

Todos los años, miles de personas son salvadas por equipos de búsqueda y rescate. ¡Una *EPIRB* puede salvarte la vida! Se trata de un dispositivo electrónico que indica a los rescatistas que estás en problemas, y la mayoría de los barcos tienen uno. Puedes usarlo en una embarcación o mientras caminas en las montañas. No importa dónde estés, utiliza la radiobaliza para pedir ayuda.

1. Usa la *EPIRB* para enviar una llamada de socorro.

5. Un equipo de rescate es enviado en tu búsqueda.

4. Un centro de control de misión se comunica con las autoridades.

2. Los satélites de búsqueda y rescate reciben la señal.

¡ALTO! PIENSA...

- ¿Qué paso crees que es más importante?

- ¿Qué otras medidas podrías tomar para ayudar al equipo de rescate a encontrarte?

- ¿Qué harías si recibieras una llamada de socorro de alguien?

3. La señal es transmitida de vuelta a la Tierra.

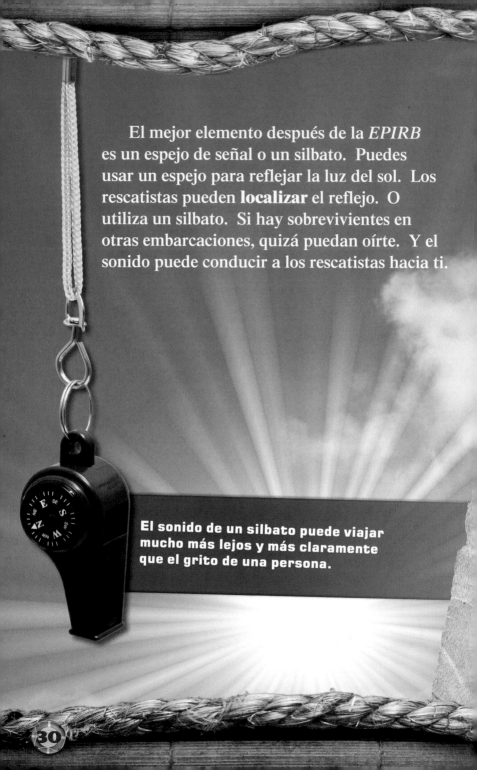

El mejor elemento después de la *EPIRB* es un espejo de señal o un silbato. Puedes usar un espejo para reflejar la luz del sol. Los rescatistas pueden **localizar** el reflejo. O utiliza un silbato. Si hay sobrevivientes en otras embarcaciones, quizá puedan oírte. Y el sonido puede conducir a los rescatistas hacia ti.

El sonido de un silbato puede viajar mucho más lejos y más claramente que el grito de una persona.

Cómo hacer señales

Paso 1

Para hacer señales con un espejo, levántalo frente a tu cara con la parte reflectante hacia afuera. Extiende tu otra mano y forma una V con el pulgar y los dedos.

Paso 2

Mueve el espejo para poder "captar" el reflejo del sol en la V de tu mano extendida.

Paso 3

Mantén la luz en la V hasta que el avión también esté en la V. Ahora la luz reflejada apuntará directamente al avión. Mueve un poco el espejo para hacer que la señal brille.

Advertencia: No hagas esto a menos que haya una emergencia. Nunca debes encandilar a los aviones por diversión.

¡HAMBRE!

Si estás perdido en el mar, es posible que tengas mucha hambre. Aunque las personas necesitan alimento para vivir, pueden vivir mucho tiempo sin él. Y aunque tengas algo para comer, quizá no tengas agua. Se necesita mucha agua para **digerir** el alimento. Es mejor ahorrar la comida hasta haber recogido suficiente agua. Puedes sobrevivir mucho más tiempo sin alimento de lo que puedes sobrevivir sin agua.

La mayor parte de los océanos albergan muchos peces. Son una buena fuente de alimento. Piensa un poco y observa los elementos que tienes contigo. ¿Puedes convertirlos en herramientas para atrapar peces?

A menudo, la noche es el mejor momento para pescar. A los peces los atraen las luces brillantes en sitios oscuros. Si tienes manera de hacer una luz, úsala para atraer peces.

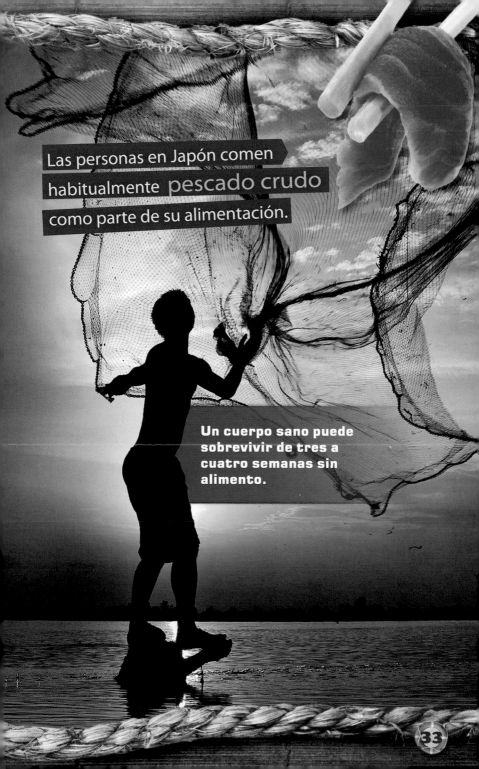

Las personas en Japón comen habitualmente pescado crudo como parte de su alimentación.

Un cuerpo sano puede sobrevivir de tres a cuatro semanas sin alimento.

Si tienes una red, podrías cazar un pájaro para comer. El plancton también puede comerse. Puedes llevar a rastras una tela detrás de una balsa para recoger plancton. Las algas marinas frescas también son una buena fuente de alimento. Algunos de estos alimentos pueden parecer raros. Quizá no tengan buen aspecto o huelan muy bien. ¡Pero recuerda que se trata de sobrevivir!

Cualquier alimento rico en proteínas necesita mucha agua para digerirse. El pescado, las algas marinas y los pájaros tienen muchas proteínas. Si comes demasiado sin beber agua, te deshidratarás aún más. Los alimentos ricos en carbohidratos son más fáciles de digerir. Si tienes pan, galletas, arroz u otros granos, haz que dure tu provisión comiendo porciones pequeñas.

gaviota

Plancton

El plancton está formado por seres vivos diminutos que viven en el océano y viajan con la corriente. Brinda alimento a numerosos animales marinos, como por ejemplo las ballenas.

plancton visto bajo un microscopio

lanza de pesca

algas marinas frescas

¡SOBREVIVIRÉ!

Con las herramientas adecuadas, puedes sobrevivir. Si estás perdido en el mar, puedes soñar con que te rescaten. Cada rescate es sorprendente. ¡Algunos son inolvidables!

Sistema de ayuda mutua

Una foca ayudó a una mujer canadiense a sobrevivir durante ocho horas en aguas muy frías. Cuando cayó al agua, la mujer nadó durante un largo tiempo pero se agotó. ¡Pero apareció una foca, que se quedó a su lado hasta que vinieron a rescatarla! Más tarde, ella dijo que la foca la había ayudado a tener una buena actitud, y eso fue lo que, ella cree, la ayudó a sobrevivir.

Perro a la deriva

Un cachorro llamado Snickers pasó 95 días a la deriva en el mar con sus dueños. Finalmente la embarcación se estropeó, y todos nadaron hasta una isla cercana. Sin embargo, cuando un buque de carga rescató a sus dueños, no pudo subir el perro a bordo. Así que Snickers pasó los cuatro meses siguientes sobreviviendo solo en la isla antes de que, por fin, fueron a rescatarlo.

76 días en el mar

Steve Callahan escribió un best seller sobre los días que vivió varado en el mar. Durante su viaje, él cree que la embarcación diseñada por él fue golpeada por una ballena. Sobrevivió 76 días en una balsa salvavidas de seis pies. Comió cacahuetes, repollos, frijoles cocidos y pescado. Tenía una cantidad limitada de agua y recogía agua de lluvia cada vez que podía.

Guardamos lo mejor para lo último

¿Podrías sobrevivir en una isla desierta durante una semana completamente solo? ¿Y un año? Alexander Selkirk fue un marinero escocés de principios del siglo XVIII. Sobrevivió durante cuatro años en una isla frente a las costas de Chile.

Selkirk tenía un cuchillo, un mosquete, pólvora, herramientas de carpintero, ropa, una soga y una Biblia. Fue atacado por ratas en la noche. Tuvo que cazar cabras para comer. Construyó chozas con hojas. Con el tiempo, sus pies se hicieron duros como el cuero. ¡Cuando fue rescatado por otra embarcación, habían pasado cuatro años! Se dice que Selkirk fue la inspiración del cuento clásico *Robinson Crusoe*, escrito por Daniel Defoe.

30 de abril

Cuando revisé mi provisión de pan, me di cuenta de que había disminuido considerablemente, por lo que me limité a comer solo una galleta al día, cosa que me provocó mucho pesar.

— Robinson Crusoe

Todos los náufragos desean ser rescatados.

Alexander Selkirk

Diario de navegación del capitán

Si estás varado, una buena idea es pasar el tiempo llevando un registro. También deberías llevar un control de los días que pasan. Puedes hacer una marca en la embarcación todas las noches. O puedes hacer un calendario recogiendo objetos pequeños, como por ejemplo piedras, y agrupándolos a medida que pasan los días.

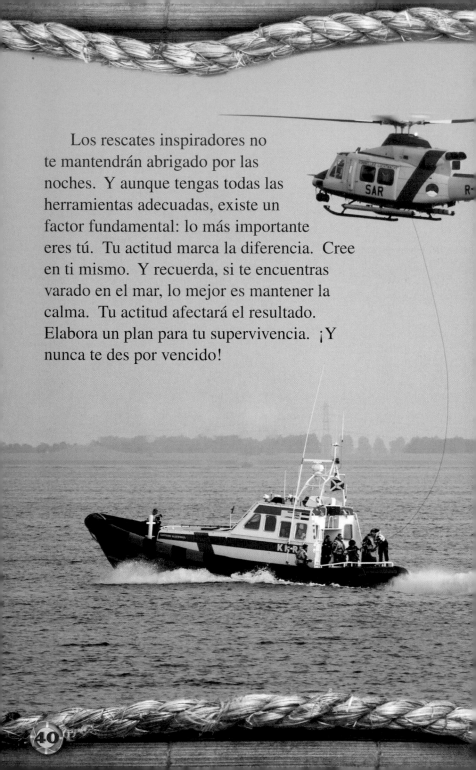

Los rescates inspiradores no te mantendrán abrigado por las noches. Y aunque tengas todas las herramientas adecuadas, existe un factor fundamental: lo más importante eres tú. Tu actitud marca la diferencia. Cree en ti mismo. Y recuerda, si te encuentras varado en el mar, lo mejor es mantener la calma. Tu actitud afectará el resultado. Elabora un plan para tu supervivencia. ¡Y nunca te des por vencido!

¿Cómo sobrevivirías?

- Si estuvieras perdido en el mar, ¿qué harías primero?
- ¿Cómo enviarías una señal para pedir ayuda?
- ¿Preferirías estar en un barco o en una isla tú solo?

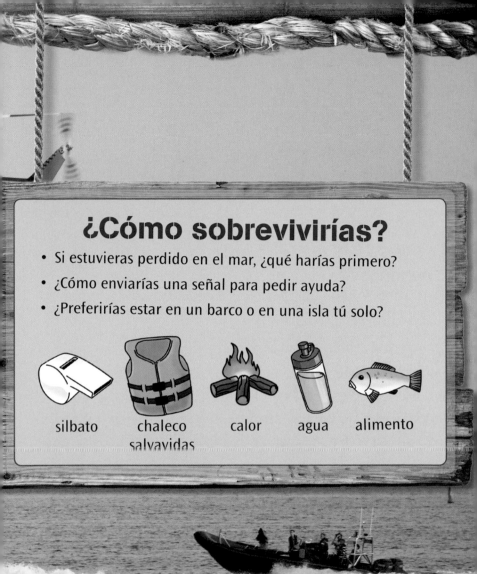

silbato   chaleco   calor   agua   alimento
salvavidas

GLOSARIO

bote neumático: una embarcación pequeña

botes salvavidas: embarcaciones pequeñas que transportan los barcos más grandes para usar en una emergencia

casco: el fondo de un barco

cinco sentidos: estabilidad mental y agudeza de los sentidos

conocimiento: estado en el que estás consciente de tus pensamientos, de tu entorno y de tu cuerpo

conservarla: guardarla o reservarla

corriente: el flujo de agua y la velocidad en que fluye

digerir: separar el alimento dentro del cuerpo y convertirlo en nutrición y desecho

dispositivo de flotación personal: algo que ayuda a flotar a quien lo usa; por ejemplo, un chaleco salvavidas o un aro salvavidas

embarcación: una nave para viajar en el agua

exposición: estar en una situación mala o dañina sin nada que te proteja

filtro: algo a través de lo cual puede pasar el líquido o el gas mientras retiene los elementos sólidos

flotación: algo que ayuda a flotar

hipotermia: disminución peligrosa de la temperatura del cuerpo de una persona

inflables: que se pueden llenar con aire

insolación: aumento de la temperatura del cuerpo de una persona hasta un grado peligroso

localizar: encontrar a alguien o algo mediante una búsqueda

mantenerse a flote: mantener la cabeza por encima del agua y el cuerpo derecho quedándose en un mismo lugar, por lo general moviendo los brazos y las piernas

náufrago: una persona que ha sufrido un naufragio y está abandonada o perdida

plancton: pequeños organismos que viven en los océanos y proveen alimento a muchas criaturas marinas

radiobaliza indicadora de posición de emergencia (*EPIRB*): un dispositivo que transmite una señal y que los rescatistas utilizan para encontrar tu ubicación

tsunaml: una ola excepcionalmente grande, causada por movimientos de la tierra o actividad volcánica

vuelcan: dan vuelta en el agua

ÍNDICE

BIBLIOGRAFÍA

Adams, Simon. *Titanic.* **DK Publishing, 2009.**

En este libro, observa las fotografías de los restos submarinos del *Titanic* mientras aprendes todo sobre la historia del barco.

Cerullo, Mary M. *Shipwrecks: Exploring Sunken Cities Beneath the Sea.* **Dutton Children's Books, 2009.**

En este libro se exploran los mundos submarinos de dos naufragios diferentes: uno de ellos un buque de esclavos de 1700 y el otro un barco de vapor con pasajeros adinerados a bordo.

David, Jack. *United States Coast Guard.* **Bellwether Media, 2008.**

La Guardia Costera de EE. UU. protege los océanos, las vías fluviales y las costas de Estados Unidos. Parte de este trabajo es ayudar a las personas que quedan varadas en el mar. Aprende más sobre su importante trabajo en este libro.

Platt, Richard, y Tina Chambers. *Pirate.* **Edición revisada por DK Publishing, 2007.**

Descubre piratas a lo largo de la historia, desde la antigua Grecia hasta el siglo XIX. También incluye información sobre los diferentes tipos de buques y embarcaciones.

MÁS PARA EXPLORAR

Diving the Alaskan Frontier
http://www.shipwrecksforkids.com
> Este sitio web fue creado por buzos con el objetivo de mostrar videos y destacar información sobre sus inmersiones para investigar naufragios.

Pirates Info
http://www.piratesinfo.com/
> Serás un experto en piratas después de aprender sobre la historia de los piratas, piratas famosos, leyendas de piratas y libros de piratas.

Online *Titanic* Museum
http://www.onlinetitanicmuseum.com/
> Este sitio web es un museo virtual que contiene una gran colección de objetos relacionados con el *Titanic*. Las nítidas fotografías de los objetos van acompañadas de descripciones, haciendo que el museo cobre vida.

National Geographic for Kids
http://kids.nationalgeographic.com/kids/
> El sitio web de *National Geographic* para niños ofrece información sobre una variedad de vida silvestre y fotografías y videos de paisajes de todo el mundo, además de juegos y otras actividades.

ACERCA DEL AUTOR

William B. Rice se crió en Pomona, California, y se graduó en Geología en la Universidad Estatal de Idaho. Trabaja en una agencia del estado de California que lucha por proteger la calidad de los recursos de agua superficiales y subterráneos. Proteger y preservar el medio ambiente es importante para él, y trabaja para proteger los océanos y otras masas de agua de todo el mundo. Está casado y tiene dos hijos, y vive en el sur de California.